BEI GRIN MACHT SICH IHR WISSEN BEZAHLT

- Wir veröffentlichen Ihre Hausarbeit, Bachelor- und Masterarbeit

- Ihr eigenes eBook und Buch - weltweit in allen wichtigen Shops

- Verdienen Sie an jedem Verkauf

Jetzt bei www.GRIN.com hochladen und kostenlos publizieren

Bibliografische Information der Deutschen Nationalbibliothek:

Die Deutsche Bibliothek verzeichnet diese Publikation in der Deutschen Nationalbibliografie; detaillierte bibliografische Daten sind im Internet über http://dnb.d-nb.de/ abrufbar.

Dieses Werk sowie alle darin enthaltenen einzelnen Beiträge und Abbildungen sind urheberrechtlich geschützt. Jede Verwertung, die nicht ausdrücklich vom Urheberrechtsschutz zugelassen ist, bedarf der vorherigen Zustimmung des Verlages. Das gilt insbesondere für Vervielfältigungen, Bearbeitungen, Übersetzungen, Mikroverfilmungen, Auswertungen durch Datenbanken und für die Einspeicherung und Verarbeitung in elektronische Systeme. Alle Rechte, auch die des auszugsweisen Nachdrucks, der fotomechanischen Wiedergabe (einschließlich Mikrokopie) sowie der Auswertung durch Datenbanken oder ähnliche Einrichtungen, vorbehalten.

Impressum:

Copyright © 2017 GRIN Verlag, Open Publishing GmbH
Druck und Bindung: Books on Demand GmbH, Norderstedt Germany
ISBN: 9783668596856

Dieses Buch bei GRIN:

https://www.grin.com/document/384326

Monika Maier

Trainingslehre. Beweglichkeits- und Koordinationstraining bei Verspannungen im Lenden- und Halswirbelsäulenbereich

GRIN Verlag

GRIN - Your knowledge has value

Der GRIN Verlag publiziert seit 1998 wissenschaftliche Arbeiten von Studenten, Hochschullehrern und anderen Akademikern als eBook und gedrucktes Buch. Die Verlagswebsite www.grin.com ist die ideale Plattform zur Veröffentlichung von Hausarbeiten, Abschlussarbeiten, wissenschaftlichen Aufsätzen, Dissertationen und Fachbüchern.

Besuchen Sie uns im Internet:

http://www.grin.com/

http://www.facebook.com/grincom

http://www.twitter.com/grin_com

Deutsche Hochschule für

Prävention und Gesundheitsmanagement

Hermann Neuberger Sportschule 3

Einsendeaufgabe

Fachmodul: Trainingslehre III

Studiengang: Fitnessökonomie

Datum
Präsenzphase 15.05.2017 – 17.05.2017

Name, Vorname: Maier, Monika

Studienort: **München**

Semester: **SS15**

Inhaltsverzeichnis

1 PERSONENDATEN 3

2 BEWEGLICHKEITSTESTUNG 3

3 TRAININGSPLANUNG BEWEGLICHKEITSTRAINING 6

3.1 Trainingsplanung Dehntraining 6

3.2 Begründung des Dehnprogramms 7

4 TRAININGSPLANUNG KOORDINATIONSTRAINING 9

4.1 Trainingsplanung Gleichgewichtstraining 9

4.2 Begründung des Gleichgewichtstrainings 10

5 LITERATURRECHERCHE 11

6 LITERATURVERZEICHNIS 12

7 TABELLENVERZEICHNIS 13

1 Personendaten

Tabelle 1: Allgemeine Daten zur Testperson (eigene Darstellung)

Alter	32 Jahre
Geschlecht	weiblich
Körpergröße	1,65 m
Körpergewicht	58 kg
Trainingsmotive	- Linderung der Verspannungen im Bereich der Lendenwirbelsäule - Linderung der Verspannungen im Nacken - Ausgleich zum Berufsalltag
Berufliche Tätigkeit	Lehrerin (hauptsächlich sitzend)
Aktuelle sportliche Aktivität	Zumba (1x45min/Woche), seit 3 Monaten Leistungsstufe: Einsteiger
Frühere sportliche Aktivität	4 Jahre Ballett (2x60min/Woche), im Alter von 6-10 Jahren Leistungsstufe: Einsteiger bis Geübt
Zeitlicher Verfügungsrahmen	Täglich 40 Minuten
Allgemeiner Gesundheitszustand	Keinerlei Probleme, keine Einnahme von Medikamenten

Die Belastbarkeit bzw. Trainierbarkeit der Testperson ist als gut zu bewerten, da keinerlei gesundheitliche Einschränkungen bestehen.

2 Beweglichkeitstestung

Um die Beweglichkeit der Kundin zu erfahren werden verschiedene Muskelfunktionstests durchgeführt. Da hier die subjektive Wahrnehmung des Dehnungsschmerzes der Kundin ausschlaggebend ist, sind diese Tests nur semi-objektiv. Durch Testung der maximalen Bewegungsamplitude können somit Beweglichkeitsdefizite herausgefunden werden. Getestet werden M. pectoralis major, M. iliopsoas, M. rectus femoris, Mm. ischiocrurales und Mm. triceps surae.

Im Folgenden werden alle Testdurchführungen beschrieben und die jeweiligen Richt-/Normwerte angegeben. Im Anschluss folgen die Testergebnisse der Kundin und deren Bewertung.

Tabelle 2: Testung des M. pectoralis major (Eifler, 2014, S. 37, modifiziert nach Janda) (eigene Darstellung)

Testdurchführung:	Richt-/Normwerte:
Die Testperson liegt in Rückenlage auf einer Liege und ist am Seitenrand so platziert, dass der komplette Arm der zu testenden Seite hinunter hängen kann. Dieser wird horizontal zum Boden abduziert und nach außen rotiert. Der Ellbogen wird im 90°-Winkel gebeugt. Um das Becken zu fixieren werden beide Beine aufgestellt. Das Anspannen der Bauchmuskulatur hilft die Lendenwirbelsäule zu stabilisieren.	Stufe 0 = Oberarm erreicht Horizontale (keine Bewegungseinschränkung) Stufe 1 = Oberarm erreicht Horizontale durch Druck des Testers (leichte Bewegungseinschränkung) Stufe 2 = Oberarm erreicht Horizontale auch durch Druck des Testers nicht (deutliche Bewegungseinschränkung)

Tabelle 3: Testung des M. iliopsoas (Eifler, 2014, S. 38, modifiziert nach Janda) (eigene Darstellung)

Testdurchführung:	Richt-/Normwerte:
Die Testperson befindet sich in Rückenlage auf der Liege, sodass sich das Gesäß am unteren Rand befindet und die Beine darüber hängen. Ein Bein wird abgewinkelt und mit den Händen so weit als möglich zum Körper gezogen. Hierbei muss darauf geachtet werden, dass Becken und Lendenwirbelsäule festen Kontakt zur Liege haben. Der Hüftbeugewinkel des hängenden Beines bestimmt die Beweglichkeit.	Stufe 0 = Oberschenkel erreicht Horizontale (keine Bewegungseinschränkung) Stufe 1 = Oberschenkel erreicht Horizontale durch Druck des Testers (leichte Bewegungseinschränkung) Stufe 2 = Oberschenkel erreicht Horizontale auch durch Druck des Testers nicht (deutliche Bewegungseinschränkung)

Tabelle 4: Testung des M. rectus femoris (Eifler, 2014, S. 40, modifiziert nach Janda) (eigene Darstellung)

Testdurchführung:	Richt-/Normwerte:
Die Testperson befindet sich in Rückenlage auf der Liege, sodass sich das Gesäß am unteren Rand befindet und die Beine darüber hängen. Ein Bein wird abgewinkelt und mit den Händen so weit als möglich zum Körper gezogen. Der Tester fixiert das hängende Bein im maximal möglichen Hüftextensionswinkel. Bei diesem Bein beugt die Probandin das Knie so weit wie möglich, wobei die Beugung nicht durch die Liege behindert sein darf. Der Kniebeugewinkel bestimmt die Beweglichkeit. Becken und Lendenwirbelsäule müssen festen Kontakt zur Liege haben.	Stufe 0 = Unterschenkel hängt senkrecht herab (keine Bewegungseinschränkung) Stufe 1 = Unterschenkel ist leicht nach vorne gestreckt und erreicht durch Druck des Testers die Senkrechte (90° Beugung im Knie) (leichte Bewegungseinschränkung) Stufe 2 = Unterschenkel ist deutlich nach vorne gestreckt und erreicht 90°-Kniebeugewinkel auch durch Druck des Testers nicht (deutliche Bewegungseinschränkung)

Tabelle 5: Testung der Mm. ischiocrurales (Eifler, 2014, S. 40, modifiziert nach Janda) (eigene Darstellung)

Testdurchführung:	Richt-/Normwerte:
Die Testperson befindet sich in Rückenlage auf der Liege. Das Bein, das nicht getestet werden soll, wird aufgestellt. Das andere Bein wird im Kniegelenk gestreckt und vom Tester so weit wie möglich in die Hüftflexion gebracht, wobei die Patella hier frei bleibt. Der Hüftbeugewinkel bestimmt die Beweglichkeit. Becken und Lendenwirbelsäule müssen festen Kontakt zur Liege haben.	Stufe 0 = Die Flexion im Hüftgelenk ist im Ausmaß von 90° möglich (keine Bewegungseinschränkung) Stufe 1 = Die Flexion im Hüftgelenk ist bis zwischen 80-90° möglich (leichte Bewegungseinschränkung) Stufe 2 = Die Flexion im Hüftgelenk ist unter 80° möglich (deutliche Bewegungseinschränkung)

Tabelle 6: Testung der Mm. triceps surae (Eifler, 2014, S. 41, modifiziert nach Janda) (eigene Darstellung)

Testdurchführung:	Richt-/Normwerte:
Die Testperson befindet sich in Rückenlage auf der Liege. Das Bein, das nicht getestet werden soll, wird aufgestellt. Das andere Bein wird gestreckt. Der Tester greift es mit der einen Hand distal am Fersenbein, mit der anderen Hand von der Fußaußenkante her. Dann zieht er die Ferse distalwärts, während er mit der anderen Hand den Vorfuß, durch Druck am äußeren Fußrand, in die maximal mögliche Dorsalextension führt. Der Druck auf die Mitte der Fußsohle sollte vermieden werden, da es dadurch zu einer reflektorischen Anspannung der Mm. triceps surae kommen kann. Der zum Druck zusätzliche Zug am Fersenbein ist entscheidend, weshalb die Fußsohle nicht nur zum Schienbein gedrückt werden soll.	Stufe 0 = Dorsalextension ist mindestens bis 0°-Stellung möglich (90° zwischen Fuß und Unterschenkel) (keine Bewegungseinschränkung) Stufe 1 = 0°-Stellung wird nicht erreicht. Dorsalextension ist möglich (leichte Bewegungseinschränkung) Stufe 2 = Dorsalextension ist nur bis 10° unterhalb der 0°-Stellung möglich (deutliche Bewegungseinschränkung)

Tabelle 7: Testergebnisse und Bewertung (eigene Darstellung)

Muskel:	Messwert:	Bewertung:
M. pectoralis major	Oberarm erreicht – rechts wie links – auch durch Druck des Testers die Horizontale nicht (Stufe 2)	Die Kundin weist hier eine deutliche Bewegungseinschränkung auf.
M. iliopsoas	Oberschenkel erreicht – rechts wie links – auch durch Druck des Testers die Horizontale nicht (Stufe 2)	Hier besteht ein deutliches Bewegungsdefizit.
M. rectus femoris	Durch leichten Druck des Testers werden – rechts wie links – 90° Beugung im Kniegelenk erreicht (Stufe 1)	Es besteht eine leichte Bewegungseinschränkung.
Mm. ischiocrurales	Die Hüftflexion ist – rechts wie links – nur unter 80° möglich (Stufe 2)	Die Probandin hat ein deutliches Bewegungsdefizit.
Mm. triceps surae	Die Dorsalextension ist – rechts wie links – bis 0° möglich (Stufe 0)	Hier besteht keinerlei Bewegungseinschränkung.

Durch die hauptsächlich sitzende Tätigkeit und zu wenig Ausgleich im Alltag weist die Kundin meist ein deutliches Bewegungsdefizit auf, wodurch eine starke Indikation für Beweglichkeitstraining gegeben ist.

3 Trainingsplanung Beweglichkeitstraining

3.1 Trainingsplanung Dehntraining

Tabelle 8: Trainingsplan für das Dehntraining (eigene Darstellung)

Zielmuskulatur:	Durchführung:	Dehnmethode:	Belastungsgefüge:
M. quadriceps femoris	Im aufrechten Stand wird das zu dehnende Bein nach hinten oben Richtung Gesäß angehoben und mit der Hand wird die Fessel umfasst. Der Oberkörper und das Becken bleiben gerade, die Knie bleiben zusammen. Die Hüfte wird etwas nach vorne geschoben. Hinweis: bei zu wenig Stabilität an der Wand oder einem Stuhl abstützen.	passiv / statisch	mindestens 3x/Woche, 3 Sätze á 45 Sekunden, maximale Intensität
M. biceps femoris, M. semitendinosus, M. semimembranosus	Im aufrechten Stand wird das zu dehnende Bein in Schrittstellung vor das andere Bein gestellt, die Zehenspitzen zeigen nach vorne und das hintere Bein wird leicht gebeugt. Der Oberkörper wird mit geradem Rücken nach vorne gelehnt.	passiv / statisch	mindestens 3x/Woche, 3 Sätze á 45 Sekunden, maximale Intensität
M. glutaeus maximus, M. glutaeus medius, M. glutaeus minimus	In Rückenlage werden die Beine abgewinkelt aufstellen, die Arme liegen seitlich vom Körper gestreckt auf dem Boden. Die Beine werden geschlossen auf eine Seite abgelegt. Die Schulterblätter behalten Bodenkontakt.	aktiv / statisch	mindestens 3x/Woche, 3 Sätze á 45 Sekunden, maximale Intensität
M. glutaeus maximus	In Rückenlage wird ein Bein im Kniegelenk 90° gebeugt. Der Fuß des anderen Beines wird auf den Oberschenkel des Gebeugten gelegt, sodass das Knie nach außen zeigt und der Unterschenkel ungefähr waagrecht ist. Der Oberschenkel des gebeugten Beines wird unterhalb der Kniekehle umfasst und etwas zur Brust gezogen.	passiv / statisch	mindestens 3x/Woche, 3 Sätze á 45 Sekunden, maximale Intensität
M. iliopsoas	Im weiten Ausfallschritt wird das hintere Knie auf dem Boden abgesetzt. Der Beugewinkel im vorderen Knie beträgt mindestens 90° wobei sich das Knie hinter den Zehenspitzen befindet. Der Oberkörper ist gerade und Gesäßmuskulatur wird angespannt, sodass das Becken nach vorne geschoben wird. Hinweis: bei keiner oder zu wenig Dehnung kann das kniende Bein am Boden noch etwas weiter hinten platziert werden	aktiv / statisch	mindestens 3x/Woche, 3 Sätze á 45 Sekunden, maximale Intensität

Zielmuskulatur:	Durchführung:	Dehnmethode:	Belastungsgefüge:
M. iliopsoas	In Rückenlage liegen die Beine flach am Boden. Ein Bein wird abgewinkelt und mit beiden Händen am oberen Teil des Schienbeins umfasst und nah zur Brust gezogen. Das liegende Bein behält stets festen Kontakt zum Boden.	passtiv / statisch	mindestens 3x/Woche, 3 Sätze á 45 Sekunden, maximale Intensität
M. biceps femoris, M. semitendinosus, M. semimembranosus	In Rückenlage liegt ein Bein flach am Boden, das andere Bein ist abgewinkelt und wird unterhalb der Kniekehle mit beiden Händen umfasst und zum Körper gezogen. Das Knie wird aktiv im Wechsel gestreckt und gebeugt.	aktiv / dynamisch	mindestens 3x/Woche, 3 Sätze á 45 Sekunden, maximale Intensität
Mm. erector spinae	Auf den Knien sitzend wird der Oberkörper auf den Oberschenkeln abgelegt und die Arme nach vorne auf dem Boden ausgestreckt. Hinweis: mit den Händen immer ein Stück weiter nach vorne tasten und darauf achten, dass das Gesäß nicht abhebt	Postisometrisch	mindestens 3x/Woche, 3 Sätze á 60 Sekunden, maximale Intensität
M. pectoralis major	Im lockeren, hüftbreiten Stand sind die Arme seitlich vom Körper gestreckt. Die Hände sind auf Schulterhöhe und die Handflächen zeigen nach vorne. Nun werden die Schulterblätter zusammengezogen.	aktiv / statisch	mindestens 3x/Woche, 3 Sätze á 45 Sekunden, maximale Intensität
M trapecius pars descendens	Im lockeren, hüftbreiten Stand wird eine Schulter nach unten gezogen und Kopf leicht zur anderen Seite geneigt.	aktiv / statisch	mindestens 3x/Woche, 3 Sätze á 45 Sekunden, maximale Intensität

3.2 Begründung des Dehnprogramms

Die Kundin möchte ihre Verspannungen im Lendenwirbelsäulenbereich und Halswirbelsäulenbereich verringern und einen Ausgleich zu ihrer fast ausschließlich sitzenden Tätigkeit haben. Bei den Beweglichkeitstests wurden leichte bis deutliche Defizite in den Bereichen der Oberschenkel-, Hüft- und Brustmuskulatur festgestellt. Der Schwerpunkt des Dehnprogramms liegt bei Übungen für den Unterkörper, da sie im Alltag hauptsächlich sitzt und diese Körperpartien dadurch kaum beansprucht werden. Durch einen verkürzten Hüftflexor kann es dazu kommen, dass ein Hohlkreuz entsteht, da er an der Lendenwirbelsäule zieht (Marquardt, 2013, S. 152). Dies könnte durch das viele Sitzen entstehen und würde die Verspannungen im Bereich der Lendenwirbelsäule erklären. Auch das Beweglichkeitsdefizit in der Brustmuskulatur ist durch das Sitzen am Schreibtisch erklärbar, da sie durch die Haltung verkürzt (Marquardt, 2013, S. 152). Eine Übung wurde für die Nackenmuskulatur gewählt, da ein Trainingsmotiv darin besteht, die Verspannungen im Halswirbelsäulenbereich zu lindern.

Als Dehnmethode wurde hauptsächlich das statische Dehnen gewählt, da die Bewegungen sehr kontrolliert ablaufen, von jedem ausgeführt werden können und das Verletzungsrisiko sehr gering ist (Schäfer, 2013). Dehntraining sollte mindestens zweimal pro Woche durchgeführt werden (Rancour, Holmes & Cipriani, 2009). Da die Kundin täglich Zeit dafür hat, wurden hierfür mindestens drei Tage pro Woche angesetzt. Die Dehnintensität wurde immer maximal, also oberhalb der Dehngrenze, gewählt. Hier ist die Effektivität am größten (Marschall, 1999). Ein regelmäßiges Dehntraining führt zu mehr Beweglichkeit (Schönthaler & Ohlendorf, 2002, S. 29).

4 Trainingsplanung Koordinationstraining

„Aus neuromuskulärer Sicht bezeichnet Koordination das Zusammenwirken von Zentralnervensystem und Skelettmuskulatur innerhalb eines gezielten Bewegungsablaufes" (Hollmann & Hettinger, 2000, S. 143).

Der folgende Punkt zeigt ein Gleichgewichtsprogramm, das zu einer verbesserten Koordination und somit einem besseren Zusammenspiel des Nervensystems und der Muskulatur führen soll.

4.1 Trainingsplanung Gleichgewichtstraining

Tabelle 9: Trainingsplan für das Gleichgewichtstraining (eigene Darstellung)

Übung:	Durchführung:	Belastungsgefüge:
Linienstand mit geöffneten Augen	Ein Fuß wird vor den anderen gestellt und berührt mit seiner Ferse die Zehenspitzen des hinteren Fußes. Beide Arme werden gestreckt vor dem Körper angehoben. Diese Position soll, einmal mit dem rechten, einmal mit dem linken Fuß vorne, für 30 Sekunden gehalten werden.	2x/Woche, 2 Sätze á 30 Sekunden, 10 Sekunden Satzpause
Linienstand mit geschlossenen Augen	Ein Fuß wird vor den anderen gestellt und berührt mit seiner Ferse die Zehenspitzen des hinteren Fußes. Beide Arme werden gestreckt vor dem Körper angehoben und die Augen werden geschlossen. Diese Position soll, einmal mit dem rechten, einmal mit dem linken Fuß vorne, für 30 Sekunden gehalten werden.	2x/Woche, 2 Sätze á 30 Sekunden, 10 Sekunden Satzpause
Kniebeuge	Im hüftbreiten Stand werden die Arme gestreckt vor dem Körper angehoben. Durch eine Kniebeugung wird das Gesäß dem Boden genähert. Allerdings sollte in den Knien immer mindestens ein Beugewinkel von 90° bleiben. Die Knie befinden sich hinter den Zehenspitzen.	2x/Woche, 2 Sätze á 30 Sekunden, 10 Sekunden Satzpause
Kniebeuge, beide Beine auf dem Balance-Pad	Hüftbreiter Stand auf einem Balance-Pad. Die Arme werden gestreckt vor dem Körper angehoben. Durch eine Kniebeugung wird das Gesäß dem Boden genähert. Allerdings sollte in den Knien immer mindestens ein Beugewinkel von 90° bleiben. Die Knie befinden sich hinter den Zehenspitzen.	2x/Woche, 2 Sätze á 30 Sekunden, 10 Sekunden Satzpause
Kniebeuge, ein Bein auf Erhöhung (mit Seitenwechsel)	Im hüftbreiten Stand wird ein Fuß auf eine Erhöhung gestellt und die Arme gestreckt vor dem Körper angehoben. Durch eine Kniebeugung wird das Gesäß dem Boden genähert. Allerdings sollte in den Knien immer mindestens ein Beugewinkel von 90° bleiben. Die Knie befinden sich hinter den Zehenspitzen.	2x/Woche, 2 Sätze á 30 Sekunden, 10 Sekunden Satzpause
Kniebeuge, ein Bein auf Balance-Pad (mit Seitenwechsel)	Im hüftbreiten Stand wird ein Fuß auf das Balance-Pad gestellt und die Arme gestreckt vor dem Körper angehoben. Durch eine Kniebeugung wird das Gesäß dem Boden genähert. Allerdings sollte in den Knien immer mindestens ein Beugewinkel von 90° bleiben. Die Knie befinden sich hinter den Zehenspitzen.	2x/Woche, 2 Sätze á 30 Sekunden, 10 Sekunden Satzpause

Übung:	Durchführung:	Belastungsgefüge:
Kniebeuge mit Langhantel	Im hüftbreiten Stand wird die Langhantel im breiten Griff mit gestreckten Armen über dem Kopf gehalten. Durch eine Kniebeugung wird das Gesäß dem Boden genähert. Allerdings sollte in den Knien immer mindestens ein Beugewinkel von 90° bleiben. Die Knie befinden sich hinter den Zehenspitzen.	2x/Woche, 2 Sätze á 30 Sekunden, 10 Sekunden Satzpause
Kniebeuge mit Langhantel auf Balance-Pad	Im hüftbreiten Stand auf dem Balance-Pad wird die Langhantel im breiten Griff mit gestreckten Armen über dem Kopf gehalten. Durch eine Kniebeugung wird das Gesäß dem Boden genähert. Allerdings sollte in den Knien immer mindestens ein Beugewinkel von 90° bleiben. Die Knie befinden sich hinter den Zehenspitzen.	2x/Woche, 2 Sätze á 30 Sekunden, 10 Sekunden Satzpause
Kniebeuge mit Langhantel (Zusatzgewicht nur auf einer Seite) (mit Seitenwechsel)	Im hüftbreiten Stand wird die Langhantel im breiten Griff mit gestreckten Armen über dem Kopf gehalten. Die Langhantel ist nur auf einer Seite mit einem Zusatzgewicht von 1kg bestückt. Durch eine Kniebeugung wird das Gesäß dem Boden genähert. Allerdings sollte in den Knien immer mindestens ein Beugewinkel von 90° bleiben. Die Knie befinden sich hinter den Zehenspitzen.	2x/Woche, 2 Sätze á 30 Sekunden, 10 Sekunden Satzpause
Kniebeuge mit Langhantel auf Balance-Pad (Zusatzgewicht nur auf einer Seite) (mit Seitenwechsel)	Im hüftbreiten Stand auf dem Balance-Pad wird die Langhantel im breiten Griff mit gestreckten Armen über dem Kopf gehalten. Die Langhantel ist nur auf einer Seite mit einem Zusatzgewicht bestückt. Durch eine Kniebeugung wird das Gesäß dem Boden genähert. Allerdings sollte in den Knien immer mindestens ein Beugewinkel von 90° bleiben. Die Knie befinden sich hinter den Zehenspitzen.	2x/Woche, 2 Sätze á 30 Sekunden, 10 Sekunden Satzpause

4.2 Begründung des Gleichgewichtstrainings

Bei diesem Programm für ein Gleichgewichtstraining wurde erst ohne und dann mit verschiedenen Hilfsmitteln gearbeitet. Es ist wichtig hierbei vom Leichten zum Schweren und vom Einfachen zum Komplexen überzugehen. Dies wird anhand der Reihenfolge der Übungen deutlich. Die erste Übung, der Linienstand, wird in der zweiten Ausführung erschwert, indem die Augen geschlossen werden. Als nächstes folgt die einfache Kniebeuge ohne jegliche Hilfsmittel. Durch die Veränderung der Umweltbedingung, einen variablen Untergrund, ist die Übung schon eine Stufe höher. Eine weitere Schwierigkeit wird durch eine veränderte Ausgangsstellung erlangt, indem lediglich ein Bein auf eine Erhöhung gestellt wird. Im nächsten Schritt ist der erhöhte Untergrund das Balance-Pad. Ein weiterer Aspekt, der in diesem Trainingsplan beachtet wurde, ist der verändere Krafteinsatz, der dadurch zustande kommt, dass die Langhantel nur auf einer Seite mit Zusatzgewicht belastet wird. Durch diese verschiedenen Variationen wird die Koordination der Kundin gefördert und gefordert.

5 Literaturrecherche

Tabelle 10: Auswertung zweier Studien zum Thema "Effekte des Dehnens auf die Bewegungsreichweite bzw. auf die Dehnungsspannung" (eigene Darstellung)

	Studie 1	Studie 2
Wer hat die Studie durchgeführt?	Marschall F.	Chagas M. H. und Schmidtbleicher D.
In welchem Jahr wurde die Studie publiziert?	1999	2000
Mit welchen Versuchspersonen wurden die Studien durchgeführt?	9 Frauen und 12 Männer im Alter von 24,8 +/- 3,4 Jahren	25 Personen ohne Altersangabe, 11 davon waren die Kontrollgruppe
Wie sah der Versuchsaufbau der Studien aus?	Alle Probanden haben jeweils ein Bein submaximal und das andere bis zur Schmerzgrenze trainiert. Elektronisch gesteuert wurde die Dehnposition eingenommen, während die Wirbelsäule und das Gegenbein fixiert waren. Mit Hilfe eines Drehimpulsdrehers wurde der Winkel gemessen. Die Versuchspersonen haben sich auf einem Fahrradergometer aufgewärmt und Kniebeugungen durchgeführt. Anschließend wurde die maximale Dehnungsweite gemessen. Insgesamt wurde das 15 Mal wiederholt. Jeweils von der Neutralposition des Hüftgelenks bis hin zur individuellen Grenze der Testpersonen. Am Ende wurde nochmals die maximale Dehnungsweite gemessen.	14 Personen trainierten 6 Wochen lang, jeweils zweimal pro Woche, die ischiocrurale Muskulatur mittels zwei verschiedener Methoden. Das eine Bein passiv-statisch, das andere nach der „contract-release"-Methode. Drei Sätze mit je vier Wiederholungen, bei einer Dauer von jeweils 15 Sekunden, wurden bei maximaler Dehnintensität trainiert. Die Dehnspannung und Bewegungsreichweite wurde anhand der letzten Serie analysiert. Bei 50% und 90% der analysierten Bewegungsreichweite wurde außerdem die isometrische Kraft gemessen.
Welche relevanten Ergebnisse und Schlussfolgerungen lieferte die Studie?	Das Ergebnis sagt aus, dass beide Intensitäten kurzfristig zu einer verbesserten Dehnungsreichweite geführt haben. Allerdings sind die Erfolge bei maximaler Intensität (7,24° +/- 4,19°) größer als bei submaximaler Intensität (3,29° +/- 4,53°). Schlussfolgernd lässt sich sagen, dass wohlmöglich das tendomuskuläre System dafür verantwortlich ist, da sich Sehnen und Bänder bei Belastung anpassen.	Das Ergebnis sagt aus, dass die Art Dehnmethode keine Auswirkung auf die Effektivität hat, da beide Gruppen ihre Bewegungsreichweite um 31,9% vergrößern konnten. Die „contract-release"-Methode hat sich positiv mehr auf die Dehnungsspannung ausgewirkt, als die passiv-statische Methode. Die Maximalkraft blieb im wesentlichen unverändert.

6 Literaturverzeichnis

Chagas, M. H. & Schmidtbleicher D. (2000). Auswirkungen von Beweglichkeitstraining auf die muskuläre Leistungsfähigkeit. *Jahrbuch, Bundesinstitut für Sportwissenschaft.* Zugriff am 31.05.2017. Verfügbar unter http://www.bisp.de/SharedDocs/Downloads/Publikationen/Jahrbuch/Jb_2000_Artikel/Chagas.pdf?__blob=publicationFile

Eifler, C. (2014). *Studienbrief Trainingslehre III*, Unveröffentlichte Studienmaterialien. Saarbrücken: Deutsche Hochschule für Prävention und Gesundheitsmanagement.

Hollmann, W. & Hettinger, T. (2000). *Sportmedizin.. Grundlagen für Arbeit Training und Präventivmedizin* (4. Aufl.). Stuttgart: Schattauer.

Marquardt, M. (2013). *Die Laufbibel* (13. Aufl.). Hamburg: spomedis.

Marschall, F. (1999). Wie beeinflussen unterschiedliche Dehnintensitäten kurzfristig die Veränderung der Bewegungsreichweite? *Deutsche Zeitschrift für Sportmedizin,* 50 (1), 5-9.

Rancour, J., Holmes, C. F. & Cipriani, D. J. (2009). The effects of intermittent stretching following a 4-week staticstretching protocol: a randomized trial. *J Strength Cond Res,* 23 (8), 2217-2222.

Schäfer, M. (2013). *Dehnen beim Muskelaufbau - Teil 2: Dehnungsmethoden.* Zugriff am 31.05.2017. Verfügbar unter http://hanteltraining.me/2013/09/22/dehnen-beim-muskelaufbau-teil-2-dehnungsmethoden/

Schönthaler, S. R. & Ohlendorf, K. (2002). *Biomechanische und neurophysiologische Veränderungen nach ein- und mehrfach seriellem passiv-statischem Beweglichkeitstraining.* Köln: Sport und Buch Strauß.

7 Tabellenverzeichnis

Tabelle 1: Allgemeine Daten zur Testperson (eigene Darstellung)....................3

Tabelle 2: Testung des M. pectoralis major (Eifler, 2014, S. 37, modifiziert nach Janda) (eigene Darstellung)....................4

Tabelle 3: Testung des M. iliopsoas (Eifler, 2014, S. 38, modifiziert nach Janda) (eigene Darstellung)....................4

Tabelle 4: Testung des M. rectus femoris (Eifler, 2014, S. 40, modifiziert nach Janda) (eigene Darstellung)....................4

Tabelle 5: Testung der Mm. ischiocrurales (Eifler, 2014, S. 40, modifiziert nach Janda) (eigene Darstellung)....................5

Tabelle 6: Testung der Mm. triceps surae (Eifler, 2014, S. 41, modifiziert nach Janda) (eigene Darstellung)....................5

Tabelle 7: Testergebnisse und Bewertung (eigene Darstellung)....................5

Tabelle 8: Trainingsplan für das Dehntraining (eigene Darstellung)....................6

Tabelle 9: Trainingsplan für das Gleichgewichtstraining (eigene Darstellung)....................9

Tabelle 10: Auswertung zweier Studien zum Thema "Effekte des Dehnens auf die Bewegungsreichweite bzw. auf die Dehnungsspannung" (eigene Darstellung)....................11

BEI GRIN MACHT SICH IHR WISSEN BEZAHLT

- Wir veröffentlichen Ihre Hausarbeit, Bachelor- und Masterarbeit

- Ihr eigenes eBook und Buch - weltweit in allen wichtigen Shops

- Verdienen Sie an jedem Verkauf

Jetzt bei www.GRIN.com hochladen und kostenlos publizieren